Dieses Adressbuch gehört:

A

A

A

A

A

B

B

B

B

B

C

C

C

C

C

D

D

D

D

D

E

E

E

E

F

F

F

F

F

G

G

G

G

G

H

H

H

H

H

J

J

J

J

K

K

K

K

K

L

L

L

L

L

M

M

M

M

M

N

N

N

N

N

P

P

P

P

P

Q

Q

Q

Q

Q

R

R

R

R

R

S

S

S

S

S

T

T

T

T

T

U

U

U

U

U

V

V

V

V

V

W

W

W

W

W

X

X

X

Y

Y

Y

Z

Z

Z

Z

Z

Impressum:

Philipp Hesse
c/o Werneburg Internet Marketing und Publikations-Service
Philipp-Kühner-Straße 2
99817 Eisenach

www.ingramcontent.com/pod-product-compliance
Lightning Source LLC
Chambersburg PA
CBHW070650220526
45466CB00001B/381
* 9 7 8 1 6 9 2 3 3 4 4 5 1 *